뽀로로와 요리사 로봇

2009년 2월 16일 초판 1쇄 발행 | 2025년 2월 28일 개정증보판 6쇄 발행

발행인 최종일 **발행처** (주)아이코닉스 **기획** 키즈아이콘
총괄책임 서현수 **편집책임** 박정은 **편집** 장보원 조윤수 김예진 이유진
디자인책임 김미선 **디자인** 이순영 권혜원 경희정
제작책임 신초희 **제작관리** 이수란 김미래 김세미 **마케팅책임** 김미경 **마케팅** 이창열 서연지 심동수 이경재 이미나 지승한 송호성
출판등록 2008년 11월 4일(제 2014-000009호) **주소** 경기도 성남시 분당구 판교로 255번길 64
고객 센터 1566-0855 **홈페이지** www.iconix.co.kr
뽀롱뽀롱 뽀로로 ⓒICONIX/OCON/EBS/SKbroadband
ⓒ 2020 ICONIX Co., Ltd. All rights reserved. Printed in Korea.

⚠ 다칠 우려가 있으니 제품을 던지거나 밟지 마십시오.
⚠ 종이에 베이거나 긁히지 않도록 주의하시고, 특히 제품의 모서리에 다치지 않도록 주의하십시오.
※ 이 책은 독점 판권 업체인 (주)아이코닉스에 의해 제작되었으며 무단 전재와 복제를 금합니다.
※ 잘못된 제품은 구입 후 10일 이내 구입처에서 교환하여 드립니다.
※ 제품에 자체 결함이 있을 시 무상 A/S 보증 기간은 구입 후 3개월입니다. 단, 소비자의 부주의로 인한 파손이나 손해는 보상되지 않습니다.
※ 사용 중 분실된 구성품은 별도의 낱개 구입이나 교환이 불가능합니다.

뽀로로와 요리사 로봇

오랜만에 패티가 집으로 친구들을 초대했어요.
"얘들아, 어서 와. 기다리고 있었어."

"오늘은 내가 특별히 너희에게 주려고 쿠키를 만들었어."
"정말? 와, 맛있겠다!"

그런데 패티의 쿠키를 맛본 친구들의 표정이 이상해졌어요.

"음, 쿠키 맛이 왜 이러지?"

"진짜 열심히 만든 건데……. 난 요리에 소질이 없나 봐."
풀이 죽은 패티의 모습을 친구들이 걱정스럽게 바라봤어요.

그러자 에디가 나서며 말했어요.
"얘들아, 걱정 마. 내가 패티에게 꼭 필요한 걸 만들어 올게."

에디는 곧바로 집으로 돌아가
무언가를 열심히 만들기 시작했어요.
뚝딱
뚝딱

"짜잔! 만능 요리사 로봇 '로보쿡'이야.
먹고 싶은 걸 주문하면 무엇이든 만들어 내지.
로보쿡, 초콜릿 쿠키를 만들어 줘!"

휘이휘이 저어서 반죽을 만들고

주욱주욱 밀어서 모양을 다듬어

따끈따끈 맛있게 구우면

"삐삐, 주문하신 쿠키가 완성됐습니다."
로보쿡은 뚝딱 쿠키를 완성했어요.
"와, 정말 대단해!"

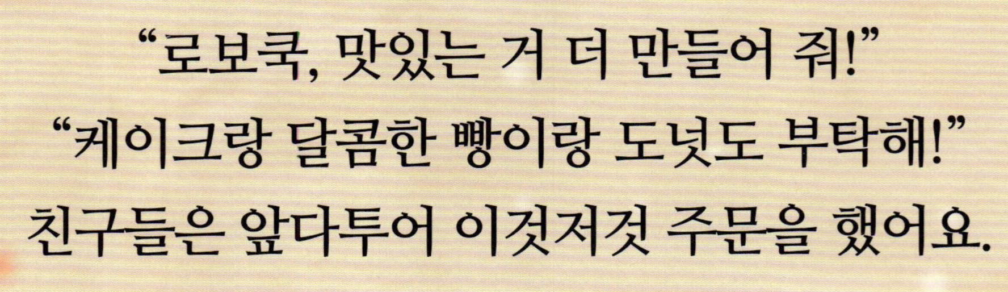

"로보쿡, 맛있는 거 더 만들어 줘!"
"케이크랑 달콤한 빵이랑 도넛도 부탁해!"
친구들은 앞다투어 이것저것 주문을 했어요.

“삐삐, 생크림 케이크와 달콤한 크림빵, 초코 도넛,
고소한 바게트와 딸기 샌드위치 그리고……."
로보쿡은 주문 받은 요리를 척척 해냈어요.

집 안 가득 로보쿡이 만들어 내는 음식이 쌓이자
친구들은 집 밖으로 뛰쳐나왔어요.
"이제 그만! 더 이상은 못 먹겠어!"

"에디, 로보쿡 좀 멈추게 해 봐!"
"그게 멈출 수 있는 방법이 없어……."
에디가 기어 들어가는 목소리로 말했어요.

“그럼 이 많은 음식을 어쩌지?”
뽀로로가 음식을 보며 걱정했어요.
“우리 산속에 사는 드래건에게 음식들을 갖다 주자.”
“맞아! 드래건은 어마어마하게 많이 먹으니까 좋아할 거야.”

친구들은 눈 덮인 언덕을 지나고

아슬아슬 다리를 건너서

깊은 산속에 사는 드래건을 찾아갔어요.

드래건은 뽀로로와 친구들을 반갑게 맞이했어요.
"안녕? 이렇게 많은 음식을 들고 찾아와 주다니 정말 고마워."

"이걸 다 만들다니 대단한걸.
 넌 이름이 뭐야?"
드래건이 로보쿡에게 물었어요.

"저는 만능 요리사 로봇
로보쿡입니다. 삐삐."

드래건이 로보쿡을 마음에 들어하자
친구들은 로보쿡을 드래건의 집에 남겨 두고 돌아갔어요.

뽀로로와 친구들은 뽀롱뽀롱 마을로 돌아왔지만
마음이 편하지 않았어요.
"로보쿡이 낯선 곳에서 드래건과 잘 지낼 수 있을까?"

그런데 집에 도착해 보니 로보쿡이
부엌에서 혼자 쿠키를 굽고 있었어요.
뽀로로와 친구들이 깜짝 놀라며 물었어요.
"로보쿡, 드래건에게서 도망친 거야?"

그때 문 밖에 드래건이 나타났어요.
"로보쿡, 드래건이야. 어서 숨어!"

"드래건! 무슨 일이야?"

그러자 드래건이 빙그레 웃으며 말했어요.
"로보쿡을 소개해 준 너희에게 감사 인사를 하러 왔어."
"삐삐, 드래건은 제 요리를 알아주는 최고의 친구예요."
로보쿡과 드래건은 이미 다정한 친구가 되어 있었어요.

그렇게 한 자리에 모인 친구들은
로보쿡이 만든 음식들을 나누어 먹으며
즐거운 시간을 보냈답니다.

로보쿡은 지금도 맛있는 음식을 만들고 있을까요?